SERPENTS DANGEREUX

LE CROTALE

Tracy Nelson Maurer

TABLE DES MATIÈRES

Un livre de la collection
Les jeunes plantes de Crabtree

Crabtree Publishing
crabtreebooks.com

Soutien de l'école à la maison pour les parents, les gardiens et les enseignants

Ce livre aide les enfants à se développer grâce à la pratique de la lecture. Voici quelques exemples de questions pour aider le lecteur ou la lectrice à développer ses capacités de compréhension. Les suggestions de réponses sont indiquées en rouge.

Avant la lecture

- De quoi ce livre parle-t-il?
  - *Je pense que ce livre parle des crotales.*
  - *Je pense que ce livre explique que les crotales font un bruit de sonnette.*

- Qu'est-ce que je veux apprendre sur ce sujet?
  - *Je veux apprendre comment éviter les crotales.*
  - *Je veux savoir où vivent les crotales.*

Pendant la lecture

- Je me demande pourquoi...
  - *Je me demande pourquoi les crotales n'aiment pas le froid.*
  - *Je me demande pourquoi certaines personnes mangent des crotales.*

- Qu'est-ce que j'ai appris jusqu'à présent?
  - *J'ai appris que les crotales doivent changer de peau pour grandir.*
  - *J'ai appris qu'ils ajoutent un anneau à leur sonnette chaque fois qu'ils muent.*

Après la lecture

- Nomme quelques détails que tu as retenus.
  - *J'ai appris que les crotales mangent des souris, des oiseaux et d'autres serpents.*
  - *J'ai appris que les crotales n'aiment pas le froid.*

- Lis le livre à nouveau et cherche les mots de vocabulaire.
  - *Je vois le mot* ***écailles*** *à la page 4 et les mots* ***serpent à sonnette*** *à la page 5. Les autres mots du glossaire se trouvent aux pages 22 et 23.*

LE CROTALE

Ch-ch-ch-ch-ch-ch! Un crotale fait vibrer sa queue pour dire « éloigne-toi! ».

Des **écailles** dures
forment le bruiteur.

Un **serpent à sonnette** peut faire vibrer sa queue plus de 50 fois par seconde.

Les crotales doivent changer de peau pour grandir. Ils muent.

Le crotale ajoute un anneau à son bruiteur chaque fois qu'il mue.

Les crotales peuvent
être tans, bruns ou gris.

Le crotale attend sa **proie**.

Les petits trous sur son museau l’aident à traquer la chaleur de sa proie.

Les crotales mangent des souris, des oiseaux et d’autres serpents.

Des **crochets** acérés crachent un **venin** mortel.

La température de ces **reptiles** varie selon la température ambiante.

L'air froid ralentit le crotale. Il se réchauffe souvent sous le soleil du matin.

La plupart des crotales habitent dans les déserts rocailleux ou les forêts.

Certaines personnes mangent des crotales. Y goutterais-tu?

Glossaire

crochets (cro-chè) : Les crochets sont de longues dents acérées.

écailles (é-kaye) : Les écailles sont de petits morceaux de peau dure qui couvrent le corps des reptiles et des poissons.

proie (proa) : Une proie est un animal qui est chassé et mangé par un autre animal.

reptiles (rep-til) : Les reptiles sont des animaux à sang froid et à écailles qui respirent de l'air.

serpent à sonnette (sèr-pan à so-nète) : Serpent à sonnette est le surnom du crotale.

venin (ve-nin) : Le venin est un poison injecté par une morsure ou une piqûre.

Index

Sites Web

Les sites Web sont en anglais seulement.

https://kids.nationalgeographic.com/animals/reptiles/rattlesnake
https://easyscienceforkids.com/all-about-rattlesnakes

À propos de l'autrice

Tracy Nelson Maurer

Tracy Nelson Maurer a écrit plus de 100 livres pour les jeunes lecteurs. Elle habite au Minnesota où il fait trop froid pour la plupart des serpents dangereux.

Crabtree Publishing

crabtreebooks.com 800-387-7650

Imprimé au Canada/112023/CPC20231031

Catalogage avant publication de Bibliothèque et Archives Canada

Titre: Le crotale / Tracy Nelson Maurer ; texte français d'Annie Evearts.
Autres titres: Rattlesnakes. Français.
Noms: Maurer, Tracy Nelson, auteur.
Description: Mention de collection: Serpents dangereux | Les jeunes plantes de Crabtree | Traduction de : Rattlesnakes. | Comprend un index.
Identifiants: Canadiana (livre imprimé) 20210281901 | Canadiana (livre numérique) 20210281944 | ISBN 9781039608733 (couverture souple) | ISBN 9781039608795 (HTML) | ISBN 9781039608856 (EPUB)
Vedettes-matière: RVM: Serpents à sonnette—Ouvrages pour la jeunesse. | RVMGF: Documents pour la jeunesse.
Classification: LCC QL666.O69 M3914 2022 | CDD j597.96/38—dc23

Publié au Canada
Crabtree Publishing
616 Welland Avenue
St. Catharines, Ontario
L2M 5V6

Publié aux États-Unis
Crabtree Publishing
347 Fifth Avenue
Suite 1402-145
New York, NY 10016

Paperback 978-1-0396-0873-3
Ebook (pdf) 978-1-0396-0879-5
Epub 978-1-0396-0885-6
Read-along 978-1-0398-0351-0
Audio book 978-1-0396-6682-5

Autrice : Tracy Nelson Maurer
Conception : Jennifer Dydyk
Révision : Kelli Hicks
Correctrice : Janine Deschenes
Traduction : Annie Evearts

Références photographiques : Masque pour le graphique de peau de serpent sur la couverture et les autres pages © shutterstock.com/Merydolla; triangle jaune avec le graphique de serpent © Top Vector Studio/Shutterstock; photo de la couverture © Steve Byland/Shutterstock; page 3 © Audrey Snider-Bell/Shutterstock; page 5 © Creeping Things/Shutterstock; page 7 © Chaikom/Shutterstock; page 9 © Susan Schmitz/Shutterstock; page 11 © Ali Iyoob Photography/ Shutterstock; page 13 © Breck P. Kent/Shutterstock; page 15 © Audrey Snider-Bell/Shutterstock; page 17 © Edgar Figueiredo/Shutterstock; page 19 © Brian Magnier/Shutterstock; page 21 © Brian Magnier/Shutterstock; page 23 (photo du bas) © Joe McDonald/Shutterstock